Munken Lynx 150g/m2

CW01677416

BÄR & BAKVERK

BÄR & BAKVERK

av Elisabeth Johansson

foto Wolfgang Kleinschmidt
Joel Wåreus

prisma

Tack till...
Conny, Alexander, Matilda och Sebastian för allt tålamod och för all hjälp jag får av er!
Mamma, du är helt enkelt fantastisk, tack för all oersättlig hjälp!

Annika, Ada, Josefin och Johanna för lånet av ert fina kök.
Annelie Sellén för praktisk hjälp.
Fia och Johan för att vi fick plåta i er trädgård.
Rosendals vackra trädgård.

Wolfgang Kleinschmidt och Joel Wåreus för foton.
Sarah Sheppard för formgivningen.
Jesper Lindberg och Per Johansson på Prisma.

För rekvisita: Designtorget, Berry, PickNick, Birgitta Watz.

För miljö: Årstiden och Djurgårds Terrassen.

Prisma
Besöksadress: Tryckerigatan 4
Box 2052
103 12 Stockholm

www.prismabok.se

Prisma ingår i
Norstedts Förlagsgrupp AB,
grundad 1823

© 2006 Elisabeth Johansson
och Prisma, Stockholm

Formgivning: Sarah Sheppard
Omslag: Sarah Sheppard, foto: Wolfgang Kleinschmidt
Foton: Wolfgang Kleinschmidt och Joel Wåreus
Tryckt hos Fälth & Hässler, Värnamo 2006
ISBN 13: 978-91-518-4553-1
ISBN 10: 91-518-4553-9

INNEHÅLL

FÖRORD 9

FÖRSOMMAR 11
- Smultron 12
- Jordgubbar 18
- Hallon 26

SOMMAR 37
- Krusbär 39
- Vinbär 47
- Björnbär 56
- Körsbär 60

SENSOMMAR 67
- Rönnbär 68
- Blåbär 71
- Lingon 79
- Hjortron 84

OVANLIGA BÄR 93
- Havtorn 95
- Fläderbär 99
- Aronia 100
- Åkerbär 103
- Salmbär 104

BAKTIPS 107

GRUNDRECEPT 108

GOTT TILL PAJEN 109

TEAM MILKO

FÖRORD

Efter en lång promenad bland de frodiga vinplantorna i den karga röda marken på vingården Domaine Rabiega i södra Provence stöter jag på en lång mur med slingrande björnbärsbuskar med små söta smakrika bär. Tanken slår mig i den heta förmiddagssolen – vilka otroligt tåliga bär!

Hur klarar de värmen, hettan och den eviga konkurrensen om vattendropparna?

Visst måste det vara så att dessa bärbuskar haft en enorm livskraft tiderna igenom, och visst måste de ha varit omtyckta och älskade av både människor och djur i alla kulturer. Både för den fantastiska smakens skull och som livsviktig näringskälla. Söta, syrliga, saftiga, härliga bär. Plockade, odlade och förädlade sedan urminnes tider. Tänk att de finns så generöst runt oss i skogssnår, på ängar, i backar och runt husknuten.

Jag vill med den här bärboken inspirera till att plocka, ta vara på och baka underbart goda bakverk av våra fantastiska, nyttiga små smakbärare. Mums!

FÖRSOMMAR
Smultron, jordgubbar, hallon

SMULTRON är en ört som växer i hela landet men är mera sällsynt i fjälltrakter. Den trivs i torrare marker och på ängar, i hagar och skogsbryn. Det finns även vita smultron som går bra att odla, fåglarna ger sig inte på dem eftersom de tror att de är omogna bär. Smultron ska hanteras varsamt och äts helst färska utan tillagning.

Recept på smultron är enkla och okomplicerade och kräver ingen stor tillagning av själva bäret.

JORDGUBBAR har blivit en symbol för sommar, och jordgubbstårtan brukar vara höjdpunkten på midsommarfirandet. Jordgubbar är fulla av C-vitamin och järn, så passa på att fylla på reserverna under sommaren. C-vitamin är uppbyggande och hjälper till att ta upp järn i kroppen.

HALLON är de bär som passar bäst ihop med choklad. Det finns ett ”tryck” i hallonens smak som kompletterar styrkan i chokladen. Dessutom är det en otroligt vacker färgkombination med hallonrött och chokladbrunt! Hallon växer i hela landet men är sällsynta på Gotland. Buskarna trivs på hyggen och stenig mark.

SMULTRONTÅRTA MED SAUTERNESVINS-GELÉ OCH PISTASCHBOTTEN

Cirka 12 bitar

PISTASCHBOTTEN
1/2 dl pistaschnötter
2 äggvitor
1 tsk socker
1 dl florsocker
1/2 dl hyvlad mandel

1 msk smält smör till bakplåtspapperet

Ugnsvärme 160°.

Hacka pistaschnötterna grovt eller kör dem hastigt i en mixer.

Vispa upp äggvita och socker. Vänd ner florsocker, nötter och mandel med en slickepott.

Rita upp en cirkel på ett bakplåtspapper, ca 22 cm i diameter, spritsa eller bred ut smeten i cirkeln.

Grädda i mitten av ugnen 25–30 minuter. Ta ut, låt svalna och vänd upp på ett galler. Dra av papperet. Lägg bottnen i en tårtform med löstagbar kant, ca 24–26 cm i diameter. Fodra kanten med en ca 5 cm hög over head-remsa eller ett konditorband.

SMULTRONMOUSSE
2 dl grädde
5 gelatinblad
2 äggulor
1/2 dl socker
1/4 dl vatten
1 dl smultronpuré, mixade bär
1 dl jordgubbspuré, mixade bär

Vispa grädden lätt och ställ in den i kylen. Blötlägg gelatinet i en skål med kallt vatten 5 minuter.

Lägg äggulor, socker och vatten i en rostfri kastrull och sjud under kraftig vispning till 85° eller tills det tjocknar. Ta av kastrullen från värmen och ställ den snabbt i ett iskallt vattenbad och fortsätt att vispa tills smeten är helt kall.

Lyft upp gelatinet ur vattnet och smält det i en kastrull eller på låg effekt i mikron. Rör hastigt ner gelatinet i äggvispet och vänd ner bärpuréerna och vispgrädden.

Häll moussen i tårtformen och ställ in den i frysen minst 3 timmar.

SAUTERNESVINSGELÉ
2 gelatinblad
1/2 dl vatten
1/2 dl socker
1 dl sauternesvin, annat vitt dessertvin eller fläderblomssaft
1 dl smultron

2 dl smultron till garnering

Blötlägg gelatinet i en skål med kallt vatten 5 minuter.

Koka ihop socker och vatten, dra kastrullen från plattan och låt stå ett par minuter.

Lyft upp gelatinet ur vattnet, lägg ner det i den varma sockerlagen och rör om, häll på vinet och låt svalna.

Strö över 1 dl smultron, häll på gelén och låt stelna minst 2 timmar i kylen.

Ta av plastremsan. Strö över smultronen till garnering när tårtan ska serveras.

SMULTRONTARTE MED SABAYONKRÄM

Cirka 8 bitar

CHOKLADPAJSKAL
100 g smör, kallt
2 1/4 dl mjöl
1 msk kakao
1/4 dl socker
1 äggula

100 g mörk choklad

Ugnsvärme 200°. Använd en rektangulär pajform, ca 10 x 34 cm, eller en rund, ca 26 cm i diameter.

Skär smöret i tärningar och blanda hastigt ihop smör, mjöl, kakao och socker. Rör i äggulan och arbeta in den i degen. Lägg degen i en plastpåse i kylen 1 timme.

Kavla ut degen och fodra en rektangulär pajform, nagga bottnen med en gaffel. Ställ in formen i frysen 1 timme. Ta fram formen. Om man vill ha ett extra fint pajskal kan man fylla det med torkade ärter, så håller sig kanten på plats.

Grädda pajskalet direkt från frysen ca 10 minuter. Ta ut det ur ugnen och pilla bort ärterna.

Smält chokladen på låg effekt i mikron och pensla insidan av pajskalet med chokladen.

SABAYONKRÄM
3 äggulor
1/2 dl socker
1/2 dl marsalavin
1 1/2 dl grädde

3 dl smultron

Vispa äggulor, socker och marsalavin i en rostfri bunke till ett skum. Ställ bunken i ett varmt vattenbad på spisen och vispa upp smeten till en fluffig kräm. Ta bort bunken från vattenbadet och fortsätt att vispa tills smeten är kall.

Vispa upp grädden lätt. Vänd ner grädden i krämen och bred ut den över pajskalet. Strö över smultronen.

Den här tarten är godast att äta samma dag.

Vill man göra en mer barnvänlig variant kan man fylla upp pajskalet med vaniljvisp, vaniljkräm eller glass och grädde. Sedan är det bara att strö över smultron och servera.

SMULTRONMUMS

12 stycken

MAZARINBOTTEN
300 g mandelmassa
150 g smör, rumstempererat
3 ägg

smält smör till formen

Ugnsvärme 175°.

Lägg ett bakplåtspapper i en rostfri ugnsform med kant, ca 20x26 cm, pensla bakplåtspapperet med lite smält smör.

Riv mandelmassan och rör i smöret. Vispa äggen lätt och häll ner i mandelsmeten. Rör ihop mazarinmassan.

Bred ut mazarinmassan i formen.

Grädda i mitten av ugnen 12–15 minuter, tills kakan fått en gyllenbrun färg. Ställ in den i kylen ett par timmar så går det lättare att skära upp i bitar.

SUPERENKEL VIT CHOKLADMOUSSE
(görs dagen före)
100 g vit choklad
2 1/2 dl grädde

Hacka chokladen och lägg den i en bunke.

Koka upp grädden, låt den stå ett par minuter och svalna. Häll den sedan över chokladen och rör om tills chokladen smält. Lägg på plast och ställ in i kylen över natten.

Ta fram bunken och vispa upp moussen lätt med en elvisp.

MONTERING
1 dl jordgubbssylt
3 dl smultron

Bred jordgubbssylten över mazarinbottnen och klicka ut chokladmoussen. Skär upp i bitar. Strö över smultronen.

Bottnen till den här kakan kan göras i god tid före servering och frysas in.

Den här lilla ”bakelsen” är verkligen enkel att göra och går lika bra att servera med hallon och jordgubbar.

JORDGUBBSTÅRTA MED YOGHURTFYLLNING, FLÄDER OCH HYVLAD VIT CHOKLAD

10–12 bitar

ANSLAGSBOTTEN
4 ägg
2 dl socker
1 dl vetemjöl
1 dl potatismjöl
2 tsk bakpulver

Ugnsvärme 200°.

Använd en smord och bröad springform eller sockerkaksform, ca 24 cm i diameter.

Vispa ägg och socker vitt och pösigt ca 10 minuter.

Blanda mjöl, potatismjöl och bakpulver. Sikta i det och vänd ihop till en slät smet. Häll smeten i formen och grädda 25–27 minuter.

Ta ut kakan och vänd upp den på att fat, låt den kallna och skär upp i tre bottnar.

VANILJKRÄM
1 dl mjölk
1/2 dl grädde
1/4 vaniljstång, delad och urskrapad, eller 1/2 msk vaniljsocker
2 äggulor
1/2 dl socker
1 msk maizena
1 tsk smör

Koka upp mjölk, grädde och vanilj.

Vispa äggulor och socker. Häll gräddmjölken över äggulorna. Rör ut maizena i lite vatten.

Häll tillbaka äggvispet och tillsätt maizenablandningen i kastrullen. Värm under vispning till 85° eller tills det börjar tjockna. Ta av från plattan och rör i smöret.

Häll upp i en kall skål och lägg plastfilm direkt på ytan så skinnar det sig inte. Låt krämen kallna.

FYLLNING 1
1/2–1 dl jordgubbssylt
1 sats vaniljkräm

FYLLNING 2
Jordgubbsyoghurtmousse:
2 gelatinblad
2 dl grädde
1 1/2 dl jordgubbar
1/2 dl florsocker
1 äggula
1 dl matyoghurt

Blötlägg gelatinet i en skål med kallt vatten ca 5 minuter. Vispa grädden. Hacka jordgubbarna fint. Vispa florsocker och äggula vitt. Vänd ner jordgubbsbitarna. Lyft upp gelatinet och smält det i en kastrull på plattan. Vänd hastigt ner gelatinet, därefter den vispade grädden och matyoghurten i äggvispet.

GARNERING
3 dl grädde
100 g riven vit choklad, eller flisad med en kniv
jordgubbar

TILL BOTTNARNA
ca 1 dl flädersaft, utspädd

MONTERING
Fukta bottnarna med flädersaft, använd en blomspruta eller droppa med en sked.

Bred jordgubbssylt över första bottnen och lägg på ett lager vaniljkräm. Lägg på nästa botten och täck med jordgubbsyoghurtmousse. Lägg på botten nummer tre och garnera med vispad grädde. Spritsa eller bred ut grädden med en palett. Strö över den flisade eller rivna vita chokladen och lägg på jordgubbar.

Dekorera eventuellt med en marsipanros eller trädgårdsros.

RULLTÅRTA MED JORDGUBBAR OCH LIMESOCKER

Cirka 14 bitar

LIMESOCKER
1 lime
1 1/2 dl socker

Tvätta limen och torka av den. Riv skalet fint. Blanda med sockret i en mixer och mixa ihop.

RULLTÅRTA
4 ägg
2 dl socker
1 dl potatismjöl
2 tsk bakpulver
1 tsk vaniljsocker

1/2 liter jordgubbar

FYLLNING
2 dl grädde
1 dl kesella
1 dl florsocker
1 tsk pressad limesaft

Ugnsvärme 225°.

Lägg bakplåtspapper i en långpanna, ca 30x40 cm.

Vispa ägg och socker till ett pösigt och vitt skum. Blanda potatismjöl, bakpulver och vaniljsocker i en bunke och sikta ner det i äggsmeten. Bred ut smeten i långpannan och grädda i ugnen ca 6 minuter.

Sikta ut limesockret på ett nytt bakplåtspapper och vänd upp kakan på sockret. Ta bort det översta papperet och låt kallna. Skölj och ansa jordgubbarna, skär dem i små bitar.

Vispa grädden och rör i kesella, florsocker och limesaft. Bred fyllningen över kakan, fördela jordgubbarna över fyllningen och rulla ihop den. Skär upp i bitar.

JORDGUBBSMARÄNGER

Cirka 30–35 stycken

6 dl florsocker
4 äggvitor
1 dl jordgubbar, ansade och noppade
2 droppar röd hushållsfärg
65 g mörk choklad + 100 g mörk choklad att doppa i

Ugnsvärme 160°.

Blanda äggvita och florsocker i en rostfri bunke och ställ skålen i ett varmt vattenbad på en platta. Skålen måste vara större än kastrullen så att inte vattenånga kommer ner i smeten.

Värm smeten till 55° (använd en digital hushållstermometer). Vispa lätt under tiden och ta sedan av marängen och lyft av skålen från vattenbadet. Vispa därefter hela tiden med elvisp tills marängen svalnat helt. Vänd i hushållsfärgen. Hacka jordgubbarna. Smält chokladen på låg effekt i mikron. Vänd hastigt i jordgubbarna och chokladen så att smeten ser marmorerad ut. Fyll upp en spritspåse med marängsmeten och spritsa ut maränger på en bakmatta eller ett smort bakplåtspapper.

Ställ in i ugnen ca 15 minuter. Sänk värmen till 100° och låt marängerna stå i minst 1 timme eller tills de känns frasiga. Låt marängerna svalna på galler.

Smält chokladen till doppning försiktigt i mikron och doppa bottnarna på marängerna. Ställ dem på ett bakplåtspapper och låt chokladen stelna.

De här marängerna ska ätas så snart som möjligt, gärna samma dag. Extra gott blir det om man äter dem tillsammans med glass och färska jordgubbar.

CHOKLADTÅRTA MED JORDGUBBAR OCH MARSHMALLOWFLUFF

14–16 bitar

CHOKLADKAKA
4 1/2 dl socker
3 3/4 dl vetemjöl
3 tsk bakpulver
1 1/2 tsk vaniljsocker
4 1/2 msk kakao
225 g smör
3 ägg
2 1/4 dl hett vatten

smör och mjöl till formen

Ugnsvärme 175°.

Smörj en form, ca 24 cm i diameter, med löstagbar kant och mjöla lätt.

Blanda alla torra ingredienser i en stor bunke. Smält smöret. Vispa äggen lätt. Blanda ihop alltsammans och tillsätt det varma vattnet. Vispa till en slät smet. Häll upp smeten i formen. Grädda i mitten av ugnen ca 50 minuter på 175°. Ta ut kakan, vänd upp den och låt den svalna. Ta av kanterna.

MARSHMALLOWFLUFF
(Marshmallowfluff finns även att köpa färdigt. Det är lagom med en burk på 500 g.)
1 gelatinblad
2 dl socker
1 dl vit sirap
1 tsk vaniljsocker
1 dl vatten
2 äggvitor

Blötlägg gelatinet i en skål med kallt vatten ca 5 minuter. Lägg socker, sirap, vaniljsocker och vatten i en kastrull. Låt sjuda ca 5 minuter till ca 119°. Vispa äggvitorna under tiden.

När sockerlagen kokat färdigt, dra kastrullen från värmen en minut, eller tills bubblorna lagt sig något. Häll sakta den varma sockerlagen i äggvitorna, vispa under tiden med elvisp och fortsätt att vispa ca 2 minuter. Smält gelatinet och vispa ner det i äggvitan.

FYLLNING
1/2 liter jordgubbar

Skölj, snoppa och dela jordgubbarna i fyra eller på mitten, beroende på hur stora de är.

MONTERING AV TÅRTAN
Dela chokladtårtan längs med mitten och bred över hälften av marshmallowfluffet över den första bottnen, lägg på jordgubbar och lägg sedan på den översta bottnen. Täck tårtan med resten av fluffet, och garnera med jordgubbar.

Servera gärna glass till.

HALLONBAKLAVA

Cirka 30 bitar

200 g mandelmassa
50 g smör, rumstempererat
1/2 dl socker
1 tsk vaniljsocker
1 tsk kanel, mald
1/2 tsk nejlikor, malda
2 ägg
2 msk vetemjöl
2 dl pistaschnötter, mixade
1 dl valnötter, mixade
1/2 liter hallon
2 msk maizena eller potatismjöl
2 msk socker
75 g smör
8 ark filodeg (grekisk), några cm större ark än formen, stor som en halv långpanna

Riv mandelmassan och blanda med elvisp i smör, socker, vaniljsocker, kanel, nejlikor, ägg och vetemjöl. Vänd i de mixade nötterna. Vänd hallonen i maizena och socker.

Smält smöret och pensla en rostfri form, stor som en halv långpanna.

Lägg i ett filoark och fortsätt att pensla mellan lagren. Lägg på fyra ark och bred sedan ut nötblandningen och strö över hallonen. Fortsätt att täcka med filoark, som penslas mellan lagren, fyra lager till och smält smör överst.

Skär upp filoarken överst i portionsbitar med en vass kniv. Grädda i ugnen på 160° ca 40 minuter.

Koka ihop honungslagen och häll den över baklavan när kakan svalnat.

HONUNGSLAG
1 1/3 dl vatten
1 1/3 dl socker
2 msk honung
1 kanelstång
1/2 citron, saft och skal

Koka allt 5–10 minuter, sila av, låt svalna och häll över baklavan.

KARDEMUMMAVISP
2 äggulor
1/2 dl florsocker
1/2 tsk vaniljsocker
1 tsk kardemummakärnor, stötta i mortel
3 dl grädde

Vispa upp äggulor, florsocker och vaniljsocker till ett pösigt skum. Rör i kardemumman och vispa upp grädden. Vänd sist i grädden och blanda ihop till en slät kräm.

Servera hallonbaklava med kardemummavisp och gärna en kopp myntate:

Koka upp vatten och tillsätt en rejäl knippa mynta, sätt på ett lock och låt teet dra ca 5 minuter. Sila av och servera i orientaliska teglas.

BOBCAKE HALLONCHOKLADTÅRTA MED JORDNÖTTER

Cirka 12 bitar

125 g mörk choklad
100 g smör
4 ägg
3 dl socker
1 tsk vaniljsocker
1 1/2 dl vetemjöl
2 dl hallon

smör och vetemjöl till formen

Ugnsvärme 200°.

Smörj och mjöla en tårtform med löstagbar kant, ca 24 cm i diameter.

Smält choklad och smör i ett varmt vattenbad på spisen eller försiktigt i mikron.
Vispa ihop ägg och socker lätt. Blanda ner smör och choklad i äggsmeten och vänd först i de torra ingredienserna och blanda till en slät smet. Vänd i hallonen och häll upp smeten i formen. Grädda i ugnen 20–25 minuter. Ta ut kakan och låt den kallna.

Ta av kanten när tårtan ska glaseras.

GANACHE, GLASYR
1 dl grädde
100 g mörk choklad
1 dl salta jordnötter
1 dl hallon

Hacka chokladen och lägg den i en bunke.

Koka upp grädden, häll den över chokladen och rör tills all choklad smält. Låt svalna.

Ställ tårtan på ett galler eller ett smörpapper och glasera tårtan med ganachen.

Låt tårtan stå i kylen ca 1 timme. Strö över jordnötterna och garnera med hallon.

SMÅ HALLONTARTELETTER MED BAKAD CHOKLADFYLLNING

10 stycken

CHOKLADPAJBOTTNAR
100 g smör, kallt
2 1/4 dl vetemjöl
1 msk kakao
1 msk socker
1 äggula

Ugnsvärme 200°.

Skär smöret i tärningar. Blanda hastigt ihop smöret med alla torra ingredienser och sist i med äggulan. Låt degen vila i en plastpåse i kylen 30 minuter. Kavla ut och fodra 10 tartelettformar, 8 cm i diameter. Nagga degen och ställ in formarna i frysen minst 1 timme. Grädda i ugnen 4–5 minuter. Ta ut formarna och sänk värmen till 150°.

FYLLNING
35 g smör
40 g mörk choklad
2 msk kakao
1 ägg
3/4 dl socker
1 msk sirap
1 msk gräddfil
1/2 krm salt

3 dl hallon att garnera med

Smält smöret, chokladen och kakaon försiktigt i mikron eller i ett varmt vattenbad på plattan.

Vispa ägg och socker, tillsätt sirap och gräddfil. Rör ner chokladblandningen i äggsmeten och rör ihop till en slät chokladsmet.

Fyll tartelettformarna med smeten och grädda i 150° ca 8–10 minuter.

MARÄNGTOPPAR, ITALIENSK MARÄNG
3/4 dl socker
1/4 dl vatten
2 äggvitor

Koka socker och vatten till 116° (använd digital hushållstermometer) och börja vispa äggvitorna till skum. När sockerlagen är 120° och har en genomskinlig sirapsliknande konsistens hälls den över äggvitan under vispning. Öka hastigheten och sänk efter ett par minuter, vispa tills marängen är helt kall. Spritsa upp toppar på tarteletterna och bränn av med en brännare. Eller spritsa på en klick grädde.

Servera med färska hallon.

RABARBER- OCH HALLONPAJ MED MANDELTOPPING

Cirka 10–12 bitar

PAJBOTTEN
125 g smör, kallt
3 dl vetemjöl
1 msk mjölk
1 msk socker
1 krm salt

Ugnsvärme 200°.

Använd en pajform som är ca 24 cm i diameter.

Skär smöret i tärningar och blanda hastigt ihop alla ingredienser till pajdegen. Lägg degen i en plastpåse och låt den vila i kylen 1 timme.

Kavla ut degen och fodra formen. Nagga bottnen med en gaffel och ställ in formen i frysen 1 timme. Om man vill ha ett extra fint pajskal kan man fylla upp skalet med torkade ärter eller bönor, då håller sig kanten på plats.

Grädda pajskalet direkt från frysen ca 10 minuter. Ta sedan bort ärterna eller bönorna. Sänk ugnsvärmen till 175°.

FYLLNING
3 rabarberstänger
1/2 dl socker
1/2 dl potatismjöl
1 1/2 dl hallon

MANDELTOPPING
100 g mandelmassa
100 g smör, kallt
1 dl socker
1 dl vetemjöl

Ugnsvärme 175°.

Skär rabarbern i bitar. Lägg bitarna i en skål och vänd dem i socker och potatismjöl.

Lägg rabarbern i pajskalet och strö över hallonen.

Riv mandelmassan grovt och skär smöret i tärningar. Blanda ihop allt med socker och mjöl till en smuldeg. Strö smuldegen över fyllningen och grädda 35–40 minuter.

Servera med vaniljglass, grädde eller vaniljsås.

STOR KOKOS- OCH HALLONTÅRTA AMERICAN STYLE

Cirka 20 bitar

BOTTEN
3 ägg
3 3/4 dl socker
150 g smör
1 1/2 dl mjölk
1 apelsin, saft och finrivet skal
2 tsk vaniljsocker
1 1/2 tsk bakpulver
4 1/2 dl vetemjöl

smör och ströbröd till formen

Ugnsvärme 175°.

Smörj och bröa en sockerkaksform, 2 1/2–3 liter. Det finns stora konformade amerikanska sockerkaksformar (22 x 22 cm, 11 cm höga) i välsorterade köksaffärer. De är smidigast till den här tårtan, men det går bra med stora vanliga släta kakformar också.

Vispa ägg och socker pösigt. Smält smöret och blanda det med mjölken i en stor bunke.

Blanda ihop de torra ingredienserna. Häll smöret i äggblandningen och rör i apelsinsaft och skal, sikta och vänd i de torra ingredienserna. Häll upp smeten i formen och grädda i ugnen 50–55 minuter.

FYLLNING
3 äggulor (spara två vitor till glasyren)
1 dl socker
3 tsk maizena
1/2 krm salt
3 dl mjölk
1 dl kokosmjölk
2 dl riven kokos
1 tsk vaniljsocker
1/2 tsk smör

Vispa upp äggulorna lätt. Lägg socker, maizena och salt i en kastrull. Rör om och ställ kastrullen på en platta. Häll i mjölken lite i taget och vispa under tiden. Häll sedan i kokosmjölken och sjud allt under vispning ca 10 minuter. Ta av kastrullen från värmen. Vispa ner lite i taget av den varma mjölken i äggulorna. Häll tillbaka blandningen i kastrullen.

Sjud smeten tills den börjar tjockna, ca 5 minuter.

Ta av från plattan och häll hastigt upp krämen i en bunke. Tillsätt kokosflingorna och vaniljen. Rör ner smöret och lägg plastfilm direkt på krämen, så skinnar den sig inte. Ställ kallt minst 1 timme, gärna över natten.

KOKOSFROSTING, GLASYR
2 äggvitor
4 dl florsocker
2 tsk sirap
1/2 tsk vaniljsocker
1 dl vatten, hett
1 msk gelatinpulver

Blanda äggvitor, socker och sirap i en rostfri bunke. Ställ bunken i ett varmt vattenbad i en kastrull på plattan. Bunken måste vara större än kastrullen så att det inte kommer ner vattenånga i smeten. Vispa med elvisp ca 4 minuter på låg hastighet och sedan 2 minuter på hög hastighet. Ta av från plattan. Värm vattnet och rör ut gelatinpulvret i vattnet och häll ner det sakta i äggvitorna under vispning. Fortsätt att vispa 3–5 minuter tills frostingen känns kall. Använd frostingen genast.

Det går även bra att glasera tårtan med färdig marshmallowkräm, som går att köpa, eller vispad grädde.

TILL GARNERING
1 1/2 dl kokosflingor
1 dl hallon
eventuellt färska trädgårdsrosor

MONTERING
Dela upp kakan i fyra bottnar, fördela fyllningen över bottnarna. Strö hallon över fyllningen mellan varje lager. Täck tårtan med frosting, strö över kokos och färska hallon.

SOMMAR
Krusbär, vinbär, björnbär, körsbär

KRUSBÄREN uppfattas ofta som helsvenska men kommer faktiskt från Kaukasus och Västafrika och tillhör släktet *Ribes*, som odlades av araberna som medicinalväxt. Det odlades även flitigt av engelsmännen på 1800-talet, vilket gav en mängd olika sorter med bär i olika färger och former.

Omogna bär innehåller mycket pektin, vilket gör dem lämpliga att koka gelé, marmelad, kompott och kräm på.

VINBÄR är oftast röda eller svarta, men det förekommer även vita och gula sorter. Det är stor skillnad på bärens karaktär beroende på färg. Vinbär har odlats sedan medeltiden. De användes i början medicinskt men blev sedan en populär smakgivare i bland annat snaps.

Vinbär innehåller mycket pektin, vilket gör att de passar utmärkt att koka gelé och sylt på.

Den kraftiga smaken gör även vinbäret till en favorit bland saftbären.

Om man väljer att koka saft på bären ska man se till att de är rejält mogna. De omogna bären innehåller mer pektin, men har det varit en torr sommar kan det ändå vara svårt att undvika gelébildning i saften.

BJÖRNBÄR är ett otroligt användbart bär och är lika gott att äta solmoget direkt från busken som tillagat i till exempel marmelad, sylt, saft, glass och bakverk. Det är också gott att blanda björnbär och hallon i pannkakssylten!

Det finns många olika varianter, från de allra minsta hårda, torra varianterna till de vanliga stora, härliga, saftiga, svulstiga bären. Det finns även många korsade varianter av björnbär, blåhallon och hallon, till exempel loganbär, boysenbär, taybär, tummelbär och sunbär.

KÖRSBÄR förknippas ofta med romantik och kärlek. Kanske beror det på deras vackra djupt röda färg, men även på den behagliga formen, den fylliga smaken och att de sitter ihop två och två på ett så raffinerat sätt.

Det finns massor av olika körsbär, men de delas in i två olika sorter: sötkörsbär och surkörsbär. De varierar också i färg från gulorange, ljusröd till mörkröd och nästan svart.

De söta körsbären är goda att äta färska direkt från trädet medan de sura är goda att göra sylt, inläggningar och pajer av. Bigarråer hör till sötkörsbären medan klarbär och skuggmoreller hör till surbären.

KRUSBÄRSPAJ MED MARÄNGTÄCKE

12 bitar

PAJBOTTEN
125 g mandelmassa
125 g smör
2 1/2 dl vetemjöl
1 tsk vaniljsocker
1 ägg

Ugnsvärme 175°.

Riv mandelmassan fint och skär smöret i kuber. Blanda hastigt ihop mandelmassa, smör, mjöl och vaniljsocker, blanda sist i ägget. Lägg degen i en plastpåse i kylen ca 1 timme.

Kavla ut och fodra en pajform, 24–26 cm i diameter. Nagga bottnen med en gaffel och ställ in formen i frysen ca 1 timme. Lägg i torkade ärter i formen och grädda direkt från frysen ca 15 minuter. Ta ut formen, pilla bort ärterna och låt den svalna.

KRUSBÄRSKOMPOTT
3 dl krusbär
1/2 citron, finrivet skal och saft
1 vaniljstång, delad på längden och urskrapad
1 1/2 dl socker
2 msk vatten
1 msk potatismjöl eller maizena
15 g smör

Snoppa krusbären. Lägg krusbär, citronskal och -saft, vaniljstång och frön, socker och vatten i en rostfri kastrull och koka allt 5–10 minuter, beroende på hur mogna krusbären är. Rör ut potatismjölet eller maizenan i lite kallt vatten och red av kompotten. Ta av från värmen och montera i smöret. Låt svalna och ta bort vaniljstången.

Lägg krusbärskompotten på pajbottnen.

MARÄNG
4 äggvitor
2 dl socker
1/2 tsk pressad citronsaft

Ugnsvärme 175°.

Vispa upp äggvitorna och citronsaften lätt. Sänk hastigheten på vispningen och tillsätt hälften av sockret. Tillsätt resten av sockret och öka hastigheten. Sänk igen och vispa ett par minuter.

Fyll upp en engångsspritspåse med stjärntyll (tillbehör till spritspåsen) och spritsa eller bred ut marängen på pajen. Sätt in den i ugnen 10–15 minuter.

Ta ut och servera gärna pajen med vaniljglass.

KROKANTGLASSTÅRTA MED AMARETTOBOTTNAR OCH KRUSBÄR

16 bitar

BOTTNAR

4 äggvitor (spara gulorna till glassen)
2 tsk socker
2 dl florsocker
1 1/2 dl mandel, skalad och hackad
2 msk amaretto eller ett par droppar bittermandel

1 msk smält smör till bakplåtspapperet

Ugnsvärme 160°.

Rita upp tre rundlar på ett bakplåtspapper och pensla dem med smält smör.

Vispa upp äggvitorna och sockret. Vänd i florsocker och spritsa eller bred ut smeten i rundlarna. Grädda 20–25 minuter. Ta ut bottnarna och låt dem svalna något och ta av dem från papperet.

KRUSBÄR TILL FYLLNING

2 dl krusbär
1/2 dl socker
2 msk vatten

Snoppa krusbären och koka krusbär, socker och vatten i en rostfri kastrull ca 5 minuter. Ta av från värmen och låt kallna.

AMARETTOGLASSFYLLNING

4 dl grädde
4 äggulor
1 1/2 dl florsocker
3 cl amaretto
1 tsk vaniljsocker
2 äggvitor

Vispa grädden lätt och ställ in den i kylen. Vispa upp äggulor och florsocker vitt och pösigt. Smaksätt med vaniljsocker och amaretto. Vispa upp äggvitorna. Vänd i grädden i äggvispet och vänd sist i den vispade äggvitan.

Vänd i de kalla krusbären.

MONTERING

Här behövs en hög amerikansk sockerkaksform, 22 x 22 cm och 11 cm hög.

Häll i ett lager glassmet. Lägg på en av bottnarna och fortsätt att varva med bottnar och glassmet. Avsluta med en botten. Ställ in formen i frysen minst 6 timmar.

Gör under tiden krokanten.

KROKANT

1/2 dl socker
2 msk vatten
1 dl skållad eller flagad mandel

Häll upp socker och vatten i en kastrull. Rör om och ställ kastrullen på plattan. Rör inte i sockret under kokningen. Låt sockret smälta till en ljusbrun karamell, vänd hastigt i mandeln och vänd upp karamellen på ett bakplåtspapper eller en silipate (bakmatta i plast). Låt karamellen svalna helt och hacka den fint eller kör i en mixer.

Skölj hastigt glassformen i kallt vatten och vänd upp glasstårtan på ett fat. Strö över krokanten och servera glasstårtan.

KRUSBÄRSTOSCABULLAR

Cirka 46 bullar

VETEDEG
150 g smör
5 dl mjölk
50 g jäst
1 dl socker
1/2 tsk salt
2 tsk stött kardemumma
1,4 liter vetemjöl, spara 1/2 dl till utbakning
1 ägg, lätt uppvispat
1 dl pärlsocker

FYLLNING
100 g rumstempererat smör
1 1/2 dl socker
2 1/2 msk vaniljsocker
3 dl krusbär

Smält smöret i en kastrull och häll på mjölken. Värm till 37°. Smula ner jästen i en bunke och häll över mjölken. Tillsätt socker, salt och kardemumma. Rör ner mjölet och arbeta degen kraftigt ca 5 minuter i degblandare eller ca 10 minuter för hand. Lägg en bakduk över bunken och låt jäsa ca 30 minuter. Blanda under tiden ihop fyllningen.

Rör ihop smör, socker och vaniljsocker i en skål. Snoppa krusbären och dela dem på mitten om bären är stora.

Ugnsvärme 250°.

Häll upp degen på lätt mjölat bakbord och dela upp den i två bitar. Kavla ut degen ca 1/2 cm tjock och bred över fyllningen.

Fördela krusbären och vik degen från den ena kanten på längden mot mitten och vik sedan över den andra kanten mot mitten. Kavla lätt och skär upp degen i 2 cm breda remsor och gör en knut, eller rulla ihop degen och skär upp den i ”snäckor”. Lägg bullarna i bullpapper och låt dem jäsa under bakduk ytterligare 30–40 minuter, beroende på rumstemperatur.

Pensla bullarna med ägg och strö över pärlsocker. Grädda 5–6 minuter. Låt bullarna svalna på galler under en bakduk.

TOSCASMET
75 g smör
1 dl socker
1/2 dl honung
1/2 dl sirap
1 1/2 dl mandel, hyvlad

Lägg alla ingredienser i en kastrull och sjud ihop dem. Fördela på bullarna och ställ tillbaka dem ca 2 minuter i ugnen.

KRUSBÄRSKAKA MED FLÄDER OCH ANIS

Cirka 12 bitar

150 g smör, rumstempererat
2 dl socker
4 ägg
4 1/2 dl vetemjöl
2 tsk bakpulver
1 tsk vaniljsocker
1 1/2 tsk anis, mald
2 dl filmjölk

smör och ströbröd till formen

Ugnsvärme 175°.

Smörj och bröa en slät sockerkaksform, 2 liter.

Rör smör och socker mjukt. Rör i ett ägg i taget och vänd i mjöl, vaniljsocker och anis.

Rör ner filmjölken och fyll upp smeten i sockerkaksformen.

Grädda i mitten av ugnen ca 50 minuter. Ta ut kakan ur ugnen och låt den stå ett par minuter. Vänd sedan upp den på ett galler eller en tallrik. Koka kompotten.

FLÄDERINKOKTA KRUSBÄR

1/2 dl råsocker
1 dl vatten
1/2 dl flädersaft, outspädd
3 dl krusbär (snoppade), gärna röda
1 tsk maizena

Koka ihop råsocker, vatten och flädersaft. Lägg i krusbären och låt allt koka 3–4 minuter. Rör ut maizena i lite kallt vatten och red av kompotten.

Häll kompotten över kakan och servera med vaniljglass eller vispad grädde.

DOLCE VITA, SOCKERKAKA MED VITA VINBÄR, LIME OCH KOLAGLASYR

Cirka 12 bitar

200 g smör, rumstempererat
3 dl socker
4 ägg
4 dl vetemjöl
2 tsk bakpulver
2 tsk vaniljsocker
1 lime, saft och finrivet skal
1 dl mjölk
1 dl mandel, mald eller mixad
2 dl vita eller röda vinbär, repade, sköljda och torra

smör och ströbröd till formen

Ugnsvärme 175°.

Smörj och bröa en sockerkaksform på ca 2 liter.

Vispa smör och socker pösigt.

Tillsätt ett ägg i taget och vänd i mjöl, bakpulver och vaniljsocker. Rör i limesaft, skal och sedan mjölk. Vänd i den malda mandeln och vinbären.

Häll upp smeten i formen och grädda 50–60 minuter längst ner i ugnen.

KOLAGLASYR

1 burk (400 g) kondenserad mjölk, sötad
80 g smör
2 msk ljus sirap

Blanda alla ingredienser i en tjockbottnad kastrull, koka upp och låt sjuda 5–6 minuter på medelhög värme. Rör med träslev. Sila av.

Låt glasyren svalna något och häll den sedan över kakan. Garnera med vinbär.

KNÄCKIG VINBÄRSPAJ MED VALNÖTTER

Cirka 12 bitar

KNÄCKIG PAJDEG
3 dl vetemjöl
1 tsk bakpulver
1 1/2 dl socker
1/2 krm salt
150 g smör, smält

Ugnsvärme 175°.

Blanda alla torra ingredienser i en bunke. Häll i det smälta smöret och rör om till en jämn deg. Flytta över degen till en pajform, ca 22 cm, och tryck ner degen till en jämn pajbotten med hjälp av fingrarna. Grädda i 10 minuter.

FYLLNING
3 äpplen
2–3 dl röda vinbär
2 msk socker
1 tsk kanel

VALNÖTSSMULDEG
75 g smör
1 dl vetemjöl
1/2 dl socker
1 dl valnötter, grovhackade
75 g mörk choklad, grovhackad (kan uteslutas)

Ugnsvärme 175°.

Skala, kärna ur och skär äpplena i klyftor. Vänd klyftorna i en skål med sockret och kanelen. Lägg ner äpplena i pajskalet och lägg på vinbären. Blanda smuldegen och täck pajen med smulorna. Grädda i ugnen ca 35 minuter.

Servera med vaniljglass eller vaniljsås.

BANANKAKA MED VITA VINBÄR OCH PHILADELPHIAGLASYR

Cirka 10 bitar

1 dl socker
2 dl florsocker
150 g smör, rumstempererat
3 medelstora bananer
2 ägg
2 dl vetemjöl
1 tsk bakpulver
1/2 tsk kanel
1 dl valnötter
2 dl vita eller röda vinbär

smör och ströbröd till formen

Ugnsvärme 175°.

Smörj och bröa en sockerkaksform, ca 2 liter.

Rör ihop socker, florsocker och smör. Mosa bananerna och rör ner dem i smörblandningen, vispa i äggen. Vänd sedan ner alla torra ingredienser och vinbären. Häll upp smeten i formen och grädda 35–40 minuter. Låt kakan vila i 5 minuter och vänd sedan upp den på en tallrik.

PHILADELPHIAGLASYR
100 g philadelphiaost
1 dl florsocker
2 tsk vaniljsocker
50 g smör, rumstempererat

Vispa ihop alla ingredienser eller kör ihop i en mixer till en slät glasyr. Bred glasyren över kakan.

SVARTVINBÄRSTÅRTA "CHARLOTTE RUSSE"

Cirka 16 bitar

SVARTVINBÄRSSYLT
2 1/2 dl svarta vinbär
3/4 dl vatten
2 dl socker

Rensa och snoppa bären.

Koka bär och vatten 5 minuter. Tillsätt socker och koka ytterligare 10 minuter. Skumma av och låt kallna.

RULLTÅRTA
4 ägg
2 dl socker
1 dl potatismjöl
2 tsk bakpulver
1 tsk vaniljsocker

ca 1 dl socker att rulla i

Ugnsvärme 225°.

Lägg bakplåtspapper i en långpanna, ca 30 x 40 cm. Vispa ägg och socker till ett pösigt och vitt skum. Blanda potatismjöl, bakpulver och vaniljsocker i en bunke och sikta ner i äggsmeten. Bred ut smeten i långpannan. Grädda i ugnen ca 6 minuter. Strö ut socker på ett nytt bakplåtspapper och vänd upp kakan på sockret.

Dra bort det översta papperet och lägg det löst över kakan så att den inte torkar och låt svalna. Gör smörkrämen under tiden.

SMÖRKRÄM
100 g smör, rumstempererat
2 dl florsocker
2 tsk vaniljsocker
1 äggula

Vispa smör, florsocker och vaniljsocker luftigt och tillsätt äggulan. Vispa till en slät kräm. Bred ut smörkrämen på rulltårtsbottnen. Bred ett lager svartvinbärssylt över och rulla ihop. Låt den stå kallt i kylen 1 timme, skiva upp den.

Lägg en over head-plastremsa eller ett konditorplastband runt kanten i en springform, ca 24 cm i diameter. Fodra bottnen och kanterna med rulltårtsskivor.

SVARTVINBÄRSMOUSSE
3 dl grädde
6 gelatinblad
4 äggulor
1 dl socker
1/2 dl vatten
2 dl svartvinbärspuré, mixade passerade bär

Vispa grädden lätt och ställ in den i kylen. Blötlägg gelatinbladet i en skål med kallt vatten ca 5 minuter.

Lägg äggulor, socker och vatten i en rostfri kastrull och värm försiktigt under kraftig vispning till 85° (använd digital hushållstermometer) eller tills det börjar tjockna. Ta av kastrullen från plattan och ställ den snabbt i ett isvattenbad och fortsätt att vispa tills smeten är helt kall.

Lyft upp gelatinet ur vattnet och smält det i en kastrull eller försiktigt i mikron och tillsätt det i äggsmeten. Vänd i svartvinbärspurén och till sist den lätt vispade grädden.

Häll upp smeten i den rulltårtsfodrade springformen och ställ in den i frysen minst 4 timmar. Ta ut ca 20 minuter före servering.

Servera med färska bär och lite grädde.

SVARTVINBÄRSSAVARÄNG

Cirka 12 bitar

15 g jäst
1/2 dl mjölk, kall
1 dl vetemjöl
100 g smör
2 1/2 dl vetemjöl
1 tsk salt
1 msk socker
3 ägg
1 1/2 dl svarta vinbär

smör och mjöl till formen

SOCKERLAG
1 1/4 dl socker
1 1/4 dl vatten
1/2–1 dl svartvinbärspuré, mixade och passerade bär
1/2 dl rom

Ugnsvärme 175°.

Smörj och mjöla en savarängform eller en slät sockerkaksform med hål, ca 2 liter.

Blanda jäst, mjölk och mjöl till en smidig deg och forma den till en rund boll. Gör ett hål i mitten och forma till en ring. Lägg ringen i en skål med ljummet vatten. Låt degen ligga ca 5 minuter i vattnet. Smält smöret.

Lägg degen i en bunke och arbeta in mjöl, salt, socker och det smälta smöret. Arbeta ihop till en smidig deg. Tillsätt äggen ett i taget och arbeta in dem i degen och vänd i vinbären. Lägg degen i formen. Täck formen med en plastfilm eller en plastpåse och låt jäsa ca 1 timme.

Värm en plåt och ställ in formen på den varma plåten i mitten av ugnen 30–35 minuter. Ta ut kakan och låt den stå några minuter innan den stjälps upp på ett galler.

Koka ihop socker och vatten ca 5 minuter. Tillsätt svartvinbärspuré och rom. Låt svalna.

Diska savarängformen och häll i hälften av vätskan. Lägg tillbaka savarängen och pensla på resten av lagen.

KROKANTGRÄDDE
1/2 dl socker
2 msk vatten
1 dl skållad eller hyvlad mandel
3 dl vispgrädde

Koka en ljus karamell av socker och vatten, tillsätt mandeln och rör hastigt ner den med en träslev. Häll upp massan på ett bakplåtspapper. Låt kallna helt och bryt i bitar och hacka fint eller kör i en mixer.

Vispa upp grädden och vänd i krokanten före servering.

Servera savarängen med krokantgrädde och gärna färska bär. Nougat- eller nötglass är också gott till.

BJÖRNBÄRSMOUSSEBITAR

Cirka 25 bitar

BROWNIEBOTTEN
175 g smör, rumstempererat
3 1/2 dl socker
1 dl kakao
1/2 dl sirap
1 krm salt
1 tsk vaniljsocker
3 ägg
2 1/2 dl vetemjöl
2 dl skalade hasselnötter. Lättast är det att rosta dem i en torr het stekpanna och gnugga av skalet med en ren kökshandduk.

smör och mjöl till formen

Ugnsvärme 175°.

Smörj och mjöla en rostfri ugnsform, ca 26 x 26 cm.

Blanda smör, socker, kakao, sirap, salt och vaniljsocker i en degblandare med vinge eller med en elvisp. Blanda i äggen och sikta i mjölet. Vänd sist i hasselnötterna.

Häll upp smeten i formen och grädda ca 15 minuter. Låt kakan svalna.

BJÖRNBÄRSTRYFFEL
1/2 dl grädde
1/2 dl björnbärspuré
100 g mörk choklad

Koka upp grädden och björnbärspurén. Lägg chokladen i en bunke, häll den varma grädden över chokladen och rör till en slät tryffel. Låt den svalna några minuter och häll den sedan över browniebottnen. Ställ in den i kylen ca 1 timme.

BJÖRNBÄRSMOUSSE
2 1/2 dl grädde
5 gelatinblad
3 äggulor
3/4 dl socker
2 msk vatten
2 dl björnbärspuré, rumstempererad, mixade och passerade björnbär, gör 1 msk extra till gelén
1 1/2 dl björnbär

Fyll en stor skål med kallt vatten och is.

Vispa grädden lätt och ställ in den i kylen. Blötlägg gelatinbladen i en skål med kallt vatten ca 5 minuter.

Lägg äggulorna, sockret och vattnet i en rostfri kastrull och värm under kraftigt vispande till 85° eller tills det börjar tjockna. Ta av kastrullen från plattan och ställ den snabbt i det kalla vattenbadet. Vispa tills äggsmeten är helt kall. Ta bort kastrullen från vattenbadet och rör ner björnbärspurén.

Lyft upp gelatinet ur vattnet och smält det i en kastrull eller på låg effekt i mikron. Rör ner gelatinet i äggsmeten och vänd i den vispade grädden och björnbären.

Stryk ut moussen över brownien. Ställ in formen i frysen minst 2 timmar.

BJÖRNBÄRSGELÉ
1/2 gelatinblad
1/2 dl socker
1/2 dl vatten
1 msk björnbärspuré

3 dl färska björnbär till dekoration

Blötlägg gelatinet i en skål med kallt vatten ca 5 minuter.

Koka upp socker, vatten och björnbärspuré. Ta av kastrullen från plattan, låt stå och svalna ett par minuter.

Lyft upp gelatinet och lägg ner det i kastrullen och rör om. Låt svalna.

Ta fram kakan och glasera den med gelén. Skär upp kakan i bitar när den fortfarande är halvfrusen.

Garnera bitarna med färska björnbär.

VARM BJÖRNBÄRSCHOKLADKAKA MED OREO COOKIES

10–12 bitar

150 g mörk choklad, grovhackad
100 g smör, rumstempererat
2 dl socker
3 ägg
3 msk kakao
1 1/2 dl vetemjöl
3 dl björnbär
1 msk potatismjöl
1 msk socker
8 oreo cookies (amerikanska chokladkakor) eller choklad-cookies
50 g mörk choklad

smör och ströbröd

Ugnsvärme 175°.

Smörj och bröa en form med löstagbar kant, ca 24 cm i diameter.

Smält chokladen försiktigt i mikron. Rör smör och socker mjukt. Rör ner äggen ett i taget och sedan den smälta chokladen. Sikta i kakao och mjöl. Vänd björnbär, socker och potatismjöl i en skål och blanda ner bären i chokladsmeten. Häll upp smeten i formen.

Krossa kakorna grovt och strö smulorna över kakan. Grädda i nedre delen av ugnen ca 35 minuter. Låt kakan svalna något före servering eller låt den stå svalt över natten och värm den innan den ska serveras.

Servera gärna kakan med glass och färska björnbär. Dekorera eventuellt med mynta.

SMÅ MARÄNGER MED VIT CHOKLADTRYFFEL OCH KÖRSBÄR

Cirka 25 stycken

MARÄNGER
2 äggvitor
1/2 tsk citronsaft
2/3 dl socker
1 1/3 dl florsocker

Ugnsvärme 150°.

Vispa äggvitor och citronsaft skummigt med elvisp. Sänk hastigheten och tillsätt hälften av sockret. Strö i resten av sockret och öka hastigheten, vispa ett par minuter. Sikta florsockret och vänd ner det i marängen med en slickepott.

Spritsa upp små ringar med en slät tyll på silipate (bakmatta i plast) eller bakplåtspapper. Grädda i ugnen på 150° ca 5 minuter och sänk sedan till 100° ca 1 timme eller tills de känns frasiga. Ta ut och låt svalna på galler.

VIT CHOKLADTRYFFEL
100 g vit choklad
20 g smör
1/2 lime, finrivet skal

25 körsbär

Smält chokladen och smöret försiktigt på låg effekt i mikron.

Ta ut och rör om och rör ner limeskalet. Låt tryffeln svalna och spritsa eller klicka tryffel i marängerna. Lägg på ett körsbär och servera.

KÖRSBÄRS-, PECAN- OCH CHOKLADPAJ

12 bitar

CHOKLADPAJBOTTEN
200 g smör, kallt
4 1/2 dl vetemjöl
2 msk kakao
1/2 dl socker
1 ägg

Ugnsvärme 200°.

Skär smöret i tärningar och blanda hastigt ihop smör, mjöl, kakao och socker. Rör i ägget och arbeta in det i degen. Lägg degen i en plastpåse i kylen 1 timme. Kavla ut och fodra en pajform, ca 24 cm i diameter. Nagga bottnen med en gaffel och ställ in formen i frysen 1 timme. Ta fram formen. Om man vill ha ett extra fint pajskal kan man fylla det med torkade ärter, så håller sig kanten på plats. Grädda pajskalet direkt från frysen ca 10 minuter. Pilla bort ärterna!

FYLLNING
1 dl socker
1 msk vatten
2 1/2 dl pecannötter, grovhackade
1 dl sirap
2 dl grädde
3 ägg
100 g choklad, hackad

2 dl körsbär, urkärnade
2 msk socker
2 msk potatismjöl eller maizena

Ugnsvärme 175°.

Häll upp sockret och vattnet i en kastrull och koka till en ljus karamell. Rör inte i sockret under tiden, då är det lätt att det blir kristaller. Tillsätt pecannötterna, sirapen och grädden och rör ihop allt.

Vispa upp äggen lätt i en bunke. Häll över den varma smeten i bunken och vispa ihop allt. Rör ner den hackade chokladen och häll upp smeten i pajskalet. Vänd körsbären i en skål med socker och potatismjöl och strö körsbären över smeten. Grädda i ugnen ca 30 minuter.

Servera med vaniljglass, vaniljsås eller lättvispad grädde.

KÖRSBÄRSMAZARIN

Cirka 12–16 bitar

300 g mandelmassa
150 g smör, rumstempererat
3 ägg
1 apelsin, finrivet skal

KRISTYR
1 äggvita
2 dl florsocker
ett par droppar apelsinsaft

Ugnsvärme 175°.

Lägg ett bakplåtspapper i en rostfri ugnsform, 20 x 26 cm. Pensla bakplåtspapperet med smält smör. Riv mandelmassan och rör i smöret. Vispa äggen lätt och tillsätt dem i mandelsmeten tillsammans med apelsinskalet. Bred ut mazarinen på bakplåtspapperet i formen.

Grädda i mitten av ugnen 12–15 minuter.

Ta ut och låt svalna. Kantskär kakan och skär upp i bitar.

Vispa upp äggvitan och vispa i florsockret och apelsinsaften. Spritsa eller klicka på kristyr på mazarinerna och sätt i ett körsbär. Lägg kakorna i ett snyggt bullpapper.

SENSOMMAR
Rönnbär, blåbär, lingon, hjortron

RÖNNBÄR är egentligen små frukter. Förr i tiden torkades och maldes de till ett mjöl som drygade ut vete- och rågmjölet i bröden.

Rönnbär passar bra till gelé, sylt, chutney och marmelad.

Det var förr vanligt att smaksätta sprit med rönnbär.

BLÅBÄR finns i olika former nästan runt hela jorden och är sedan urminnes tider känt som medicinalväxt och mättande energikälla. Det är inte för inte det är björnens och barnens favorit!

Blåbär är extra goda tillsammans med en tallrik mjölk eller fil med socker och blåbär, eller varför inte nybakade blåbärsbullar med ett glas kall mjölk eller blåbärsmunkar med vaniljglass?

LINGON växer i hela landet utom i södra Skåne. Bären innehåller höga halter av bensoesyra, så de har lång hållbarhet och man behöver inte tillsätta konserveringsmedel.

Förr i tiden var det vanligt att sockra lingon med honung och brunsirap. Den mörka karamellsockersmaken gör sig extra bra tillsammans med lingon och ligger till grund för den klassiska lingonkolapajen, som är en så suverän och enkel smakkombination.

HJORTRON, Norrlands guld, är en örtväxt som tillhör släktet *Rubus*. Rosväxter som till exempel hallon och björnbär men också åkerbär och stenbär är av samma släkt. Hjortron förekommer främst i Norrland men finns ända ner till Småland. Frukterna är stora ”bär” som består av sammansittande stenfrukter. Omogna är de gröngula, sedan röda och därefter orange till gula när de är mogna.

Hjortron används bland annat i mylta, sylt, gelé, bakverk, saft och likör.

De innehåller mycket C-vitamin. Dessutom innehåller de bensoesyra, som ger bäret lång hållbarhet.

RÖNNBÄRS- OCH WHISKYCHOKLADTÅRTA

Cirka 12 bitar

CHOKLADTÅRTA
100 g mörk choklad, hackad
50 g ljus choklad, hackad
100 g smör
4 ägg
3 dl socker
1 tsk vaniljsocker
1 3/4 dl vetemjöl
1 dl rönnbärssylt med whisky

smör och mjöl till formen

TRYFFELMOUSSE
1 dl grädde
1 msk sirap
150 g ljus choklad, hackad
1 dl vispgrädde

Ugnsvärme 200°.

Smörj och mjöla en springform, 24 cm i diameter.

Smält mörk och ljus choklad med smöret i en skål i mikron på låg effekt. Vispa ihop ägg och socker lätt. Rör ner chokladen i äggsmeten och vänd i vaniljsocker, mjöl och sist rönnbärssylten. Häll upp smeten i formen och grädda 20–25 minuter. Låt svalna.

Koka upp grädden och sirapen. Lägg chokladen i en bunke. Häll på den varma grädden och rör till en slät glasyr. Låt svalna till rumstemperatur.

Vispa upp 1 dl grädde lätt och vänd ner grädden i chokladen. Stryk ett tunt lager över den kalla tårtan.

Servera med lite extra rönnbärssylt och vispgrädde eller vaniljglass.

RÖNNBÄRSSYLT MED WHISKY
2 dl rönnbär
1 dl syltsocker
1 dl socker
1/2 dl vatten
ca 2 msk whisky

Koka allt utom whisky ca 8–10 minuter. Mosa bären med en träslev mot kastrullkanten. Skumma av och smaksätt med whisky.

BLÅBÄRSMUNKAR & BLÅBÄRSBULLAR MED PECANNÖTTER OCH LÖNNSIRAP

BLÅBÄRSMUNKAR
20 stycken

25 g jäst
75 g smör
2 1/2 dl mjölk
1/2 dl socker
7 1/2–8 dl vetemjöl
1 dl blåbär
ca 5 dl olja till fritering, t ex rapsolja
1 dl socker

Smula ner jästen i en bunke. Smält smöret och rör ner det i mjölken, degvätskan ska vara 37°. Häll degvätskan på jästen och rör om. Rör i sockret och hälften av mjölet. Blanda i blåbären och resten av mjölet, spara lite till utbakningen. Arbeta degen smidig. Kavla ut den på lätt mjölat bakbord till en ca 1 1/2 cm tjock platta. Stansa ut munkarna med utstickare eller kakmått som har diametern 7 cm. Ta ut ett hål i mitten på varje munk med en utstickare som är 3 cm i diameter eller ett snapsglas.

Låt munkarna jäsa ca 10 minuter. Värm oljan i en tjockbottnad kastrull till 160–180° (ha alltid ett lock till hands om det skulle börja brinna) eller fritera i en fritös. Fritera munkarna i omgångar ca 2 minuter vardera och vänd dem efter halva tiden. Ta upp dem och låt dem hastigt rinna av på ett galler. Vänd dem genast i sockret.

BLÅBÄRSBULLAR
Cirka 46 stycken

VETEDEG
150 g smör
5 dl mjölk
50 g jäst, för söta degar
1/2 dl socker
1/2 dl lönnsirap
1/2 tsk salt
2 tsk stött kardemumma
1,4 liter vetemjöl, spara 1/2 dl till utbakning
1 ägg, lätt uppvispat
1/2 dl pärlsocker
1 dl pecannötter, grovhackade
1 dl lönnsirap

FYLLNING
200 g mandelmassa
100 g smör, rumstempererat

3 dl blåbärssylt
1 msk potatismjöl eller maizena

Ugnsvärme 225°.

Smält smöret i en kastrull och häll i mjölken. Värm till 37°. Smula ner jästen i en bunke och tillsätt degvätskan, socker, lönnsirap, salt och kardemumma och arbeta in mjölet i degen. Arbeta degen smidigt ca 5 minuter i degblandare och ca 10 minuter för hand. Lägg en bakduk på bunken och låt jäsa ca 30 minuter. Blanda fyllningen under tiden.

Riv mandelmassan fint och blanda ihop med smöret. Blanda blåbärssylt och potatismjöl i en separat skål, potatismjölet gör så att sylten håller sig på plats och inte rinner ut.

Dela upp degen i två bitar och kavla ut den ca 1/2 cm tjockt. Bred ut mandelmassablandningen och bred över blåbärssylten. Vik ihop degen från ena kanten av långsidan mot mitten och vik sedan över den andra kanten. Kavla ut lite försiktigt och skär upp degen i ca 2 cm breda remsor. Gör knutar eller rulla ihop degen och skär upp i snäckor. Lägg bitarna i bullpapper och låt dem jäsa på en plåt med en bakduk över ca 30 minuter.

Blanda ihop pärlsocker och pecannötter i en skål. Pensla bullarna med ägg och strö över pärlsockerblandningen. Ställ in bullarna i ugnen 7–8 minuter. Ringla lite lönnsirap över de varma bullarna direkt från ugnen.

BLÅBÄRSMAZARIN

Cirka 10 bitar

PAJBOTTEN
125 g smör, kallt
3 dl vetemjöl
1 msk mjölk
1 msk socker
1 krm salt

Ugnsvärme 200°.

Använd en pajform som är ca 24 cm i diameter.

Skär smöret i kuber och blanda hastigt ihop alla ingredienser till pajdegen. Lägg degen i en plastpåse och låt den vila i kylen 1 timme.

Kavla ut degen och rulla upp den på en brödkavel. Flytta degen till pajformen och fodra den med degen. Jämna till kanterna och nagga med en gaffel. Ställ in formen i frysen 1 timme. Ta ut pajen och grädda den direkt ca 10 minuter.

Sänk ugnsvärmen till 175°.

MAZARINFYLLNING
50 g smör, rumstempererat
1 dl socker
1 tsk vaniljsocker
200 g mandelmassa
2 ägg
1 msk vetemjöl
4 dl blåbär
1 msk socker
1 msk maizena

Ugnsvärme 175°.

Rör ihop smör, socker och vaniljsocker. Riv mandelmassan fint och blanda ner. Rör i äggen ett i taget. Vänd i mjölet. Blanda maizena och socker i en bunke. Vänd ner blåbären i blandningen och täck pajbottnen med blåbären. Häll på mazarinmassan och ställ in i ugnen på 175° ca 30 minuter. Låt svalna.

GLASYR
1 1/2 msk vatten
2 dl florsocker

Blanda ihop glasyren och spritsa den tunt över mazarinen eller ringla med en sked.

Pudra eventuellt med lite extra florsocker.

BLÅBÄRSMUFFINS MED GLASYR

Cirka 12 stycken stora

2 ägg
1 1/2 dl olja, neutral, t ex solrosolja
2 1/2 dl mjölk
6 dl vetemjöl
4 1/2 dl socker
4 tsk bakpulver
1 krm salt
2 dl blåbär

Ugnsvärme 200°.

Rör ihop ägg och olja och tillsätt mjölken. Blanda mjöl, socker, bakpulver och salt i en bunke och vänd ner det i äggsmeten. Vänd i blåbären och häll upp smeten i pappersformar i en muffinsplåt, låt stå och svälla i formarna 5 minuter, grädda sedan i 25 minuter. Ta ut muffinsen, låt dem kallna och glasera dem.

BLÅBÄRSGLASYR
3 msk smör
2 msk blåbärspuré
2 dl florsocker

Smält smöret i en kastrull, tillsätt blåbärspuré och florsocker, vispa ihop till en slät glasyr och glasera muffinsen, garnera med färska blåbär.

BLÅBÄRSCHEESECAKE

12 bitar

BOTTEN
15 digestivekex
1/2 dl socker
120 g smält smör

lite extra smält smör till formen

Ugnsvärme 175°.

Smörj en springform, 24 cm i diameter, med smält smör.

Krossa kexen i en mixer och tillsätt socker och smält smör. Häll upp smulorna i springformen och tryck till dem lätt med fingrarna eller med baksidan av en sked. Ställ in formen i ugnen 15 minuter.

FYLLNING
5 ägg
450 g philadelphiaost
1 1/4 dl socker
1 tsk vaniljsocker av god kvalitet
2 1/2 dl blåbär

TOPPING
2 dl gräddfil
1 msk socker
1 tsk vaniljsocker, kan uteslutas

Vispa hastigt ihop ägg, philadelphiaost, socker och vaniljsocker med elvisp till en slät smet. Vänd i blåbären och häll upp smeten i springformen. Grädda i ugnen (nedersta valsen) på 175° i 30–35 minuter. Ta ut kakan och låt den svalna i 10 minuter. Blanda gräddfil, socker och vaniljsocker.

Bred ut toppingen över kakan och ställ tillbaka i ugnen 5 minuter (på nedersta valsen). Ta ut kakan och ställ in den i kylen, gärna över natten så den hinner sätta sig i konsistensen.

LINGONKOLAPAJ

Cirka 16 bitar

PAJDEG
125 g smör, kallt
2 msk socker
2 1/2 dl vetemjöl
1 tsk vaniljsocker
1 ägg

Ugnsvärme 200°.

Använd en pajform, ca 24 cm i diameter. Skär upp smöret i kuber och blanda med socker, mjöl och vaniljsocker till en smulig massa. Blanda i ägget och arbeta ihop till en slät pajdeg. Lägg degen i en plastpåse och låt den vila i kylen ca 1 timme.

Kavla ut degen och fodra pajformen. Nagga bottnen med en gaffel och ställ in den i frysen ca 1 timme. Grädda pajskalet direkt från frysen ca 12–15 minuter.

FYLLNING
4 1/2 dl grädde
1 1/2 dl socker
3/4 dl ljus sirap
5 dl lingon

KANELGRÄDDE
3 dl grädde
1 tsk kanel

Blanda grädde, socker och sirap i en stor kastrull. Koka ihop på svag värme i ca 20–25 minuter till en gyllenbrun kola, rör med en träslev under tiden i bottnen på kastrullen.

Lägg i lingonen och rör om. Låt svalna något och häll upp lingonkolan i pajskalet och servera med lätt vispad kanelgrädde.

Garnera med lingon och lingonris.

LINGON- OCH DUMLEMUFFINS

12 stycken

200 g smör, rumstempererat
2 dl socker
10 g jäst
3 ägg
3 dl vetemjöl
1/2 tsk bakpulver
100 g ljus eller mörk choklad,
hackad, eller chockladchips
1 1/2 dl lingon

Vispa smör och socker poröst, tillsätt jäst och ägg och blanda ihop. Sikta i mjöl och bakpulver rör ihop till en slät smet. Vänd i choklad och lingon. Häll upp smeten i lätt smorda teflonmuffinsformar och grädda i 200° i 20–25 minuter. Låt muffinsen stå ett par minuter i formarna. Vänd sedan upp dem och låt dem kallna på galler.

GLASYR
1/2 dl grädde
75 g ljus choklad, grovhackad
6 dumlekolor

Koka upp grädden och ställ kastrullen åt sidan ett par minuter. Rör i chokladen tills den smält. Toppa med glasyren och dekorera med en halv dumlekola på toppen.

MJUK TIGRERAD LINGONPEPPARKAKA MED CHOKLAD OCH VALNÖTTER

Cirka 16 bitar

4 1/2 dl vetemjöl
3 dl socker
2 tsk bikarbonat
1/2 tsk kanel
1 tsk ingefära
100 g smält smör
1 1/2 dl lingonsylt
3 dl mjölk
1 dl valnötter, grovt hackade
75 g mörk choklad, grovt hackad
1 tsk ingefära
1 1/2 tsk kanel
1 1/2 tsk malda nejlikor

smör och ströbröd till formen

Ugnsvärme 175°.

Smörj och bröa en avlång sockerkaksform, ca 2 liter.

Blanda vetemjöl, socker, bikarbonat, 1/2 tsk kanel och 1 tsk ingefära i en bunke. Tillsätt smält smör, lingonsylt och mjölk. Blanda ihop till en slät smet och vänd i valnötter och choklad. Dela upp smeten på hälften i två bunkar. Rör ner mer ingefära, kanel och nejlikor i den ena smeten.

Häll upp den ljusa smeten först och sedan den mörka. Rör med en sked i smeten så att det blir ett tigrerat mönster. Grädda i ugnen ca 45 minuter.

Kakan är god även utan färskostglasyr.

FÄRSKOSTGLASYR

100 g mascarpone eller kesella
1 1/2 dl florsocker
2 tsk vaniljsocker
75 g smör, rumstempererat

Vispa ihop alla ingredienser eller kör ihop dem med en mixer till en slät glasyr. Bred glasyren över kakan.

Garnera med grovt hackade valnötter och mörk choklad.

HJORTRONTRYFFELTÅRTA

Cirka 12 bitar

200 g smör
4 ägg
5 dl socker
2 1/2 dl vetemjöl
4 msk kakao
2 tsk vaniljsocker
1/2 dl espresso eller starkt kaffe

smör till formen

Ugnsvärme 175°.

Smörj en form med löstagbar kant, ca 24 cm i diameter.

Smält smöret och låt det svalna. Häll äggen i en bunke och rör ner smöret och sockret. Sikta i de torra ingredienserna. Rör i kaffet.

Häll upp smeten i formen och grädda i den nedre delen av ugnen, ca 25 minuter. Ta ut kakan och låt den svalna.

HJORTRONTRYFFEL
150 g mörk choklad
1 dl grädde
2 msk sirap
50 g smör, rumstempererat
1 dl hjortronmylta
eventuellt 1 cl Lakka hjortronlikör eller citruslikör

Hacka chokladen. Koka upp grädde och sirap. Häll grädden över chokladen och rör tills chokladen smält. Tillsätt smöret, låt svalna och rör ner hjortronen och eventuellt likör. Låt tryffeln kallna, ta bort kanten från kakan och bred ut tryffeln över tårtan.

HJORTRONWIENERBRÖD

Cirka 30 stycken

WIENERDEG
2 1/2 dl vatten, kallt
50 g jäst
2 stora eller 3 små ägg
1/2 dl socker
1/2 tsk salt
50 g smör, kallt, skuret i kuber
6 1/4 dl vetemjöl

500 g smör till kavling
1 äggvita till pensling

2 dl kokt marsansås eller
kokt vaniljkräm
2 dl hjortronsylt
1 dl florsocker
1 msk vatten

Blanda hastigt ihop wienerdegen. Lägg den i en plastpåse och sätt den i kylen ca 30 minuter.

Kavla ut degen på lätt mjölat bakbord till ca 35 cm i diameter. Platta till smöret med kaveln så att det är knappt hälften så stort som degen. Lägg smörplattan på ena hälften av degen och vik över den andra.

Tryck till lätt med kaveln och kavla ut på bredden. Vik in kanterna mot mitten så att de går helt omlott och kavla försiktigt ut igen.

Upprepa detta två gånger till. Vänd på degen ett halvt varv efter varje gång och mjöla lätt. Om degen känns mjuk ställ in den i kylen emellanåt. Lägg på plast eller bakduk och sätt in degen 15 minuter i kylen.

Skär upp degen i 2 cm breda remsor och tvinna dem lätt. Lägg dem i åttor eller i en cirkel på ett bakplåtspapper. Låt jäsa 15 minuter. Pensla med äggvita och lägg på en klick vaniljkräm och en klick hjortronsylt och grädda i 250° ca 5 minuter.

Blanda ihop en glasyr av florsocker och vatten och ringla över wienerbröden.

KOKT VANILJKRÄM
2 dl grädde
2 msk vetemjöl
1 msk socker
1 1/2 msk vaniljsocker av
god kvalitet
2 äggulor

Blanda ingredienserna i en tjockbottnad kastrull och sjud under vispning tills krämen tjocknat. Flytta hastigt över krämen i en kall bunke så att den inte blir för varm i bottnen. Låt svalna.

HJORTRONFRANGIPANE MED PINJENÖTTER

12 bitar

PAJDEG
125 g smör, kallt
3 dl vetemjöl
2 msk socker
1 ägg

Ugnsvärme 200°.

Skär smöret i tärningar och blanda hastigt ihop med mjöl och socker. Tillsätt ägget. Lägg degen i en plastpåse och låt den vila 1 timme i kylen.

Kavla ut degen och rulla upp den på en brödkavel. Flytta degen till en pajform, 24 cm i diameter, och fodra formen med degen. Nagga bottnen med en gaffel och ställ in den i frysen 1 timme. Ta fram formen och grädda den i ugnen ca 10 minuter. Ta ut pajskalet och sänk värmen till 175°.

FRANGIPANEFYLLNING
3 dl hjortron
1 dl socker
200 g mandelmassa
100 g smör, rumstempererat
4 ägg
2 msk vetemjöl
1 dl pinjenötter

Ugnsvärme 175°.

Värm socker och hjortron försiktigt i en kastrull tills sockret smält. Låt svalna.

Riv mandelmassan och lägg den i en bunke. Rör ner smöret och äggen, ett i taget, och vänd i mjölet. Häll upp smeten i pajskalet och klicka i hjortronen. Strö över pinjenötterna och grädda i ugnen ca 25 minuter. Lägg på en bit aluminiumfolie de sista 10 minuterna.

HJORTRON ROYAL

Cirka 12 bitar

PAJBOTTEN
125 g smör, kallt
3 dl vetemjöl
1 msk socker
1 krm salt
1 msk mjölk

Ugnsvärme 200°.

Skär smöret i kuber, blanda hastigt ihop smör, mjöl, socker och salt, gärna i en degblandare med vinge. Droppa i mjölken. Låt degen vila i kylen ca 1 timme.

Kavla ut degen och fodra en pajform, ca 24 cm i diameter. Nagga bottnen med en gaffel och ställ in formen i frysen ca 1 timme. Grädda direkt från frysen ca 10 minuter. Sänk värmen till 175°.

FYLLNING
1 burk (400 g) kondenserad mjölk
1 dl grädde
2 äggulor
2 ägg
1 tsk vaniljsocker
1 dl hjortron eller hjortronmylta

Ugnsvärme 175°.

Blanda kondenserad mjölk, grädde, äggulor och ägg till en slät äggstanning. Vänd i vaniljsocker och hjortron.

Häll upp smeten i formen och grädda i 175° ca 30 minuter. Låt kallna.

GLASYR
1 dl grädde
150 g mjölkchoklad, grovhackad

Koka upp grädden och dra kastrullen från plattan. Låt den stå ett par minuter och sjunka. Häll i chokladen och rör till en slät glasyr. Häll glasyren över den kalla pajen.

Det är även gott att ”bränna av” pajen med råsocker. Då hoppar man över chokladglasyren och strör i stället på ett tunt lager råsocker på den kalla pajen och bränner av med en gasolbrännare eller ställer den ett par minuter under grill i ca 225°.

OVANLIGA BÄR

Havtorn, fläderbär, aronia, åkerbär, salmbär

HAVTORN är ett vackert orange kustbär som bland annat växer längs Norrlandskusten, på Åland och i Finland. Bären sitter på buskar med stora taggar, vilket gör det svårt att plocka dem.

Det passar bra att göra puré på bäret och använda i bakverk. Man får dock vara lite försiktig då man blandar havtorn och grädde, för grädden har en tendens att spricka av syran i bären.

Havtorn går fantastiskt bra ihop med ljus choklad och åkerbär.

FLÄDER har små bär som hänger i stora mörka och otroligt vackra klasar på blodröd kvist. De är fullproppade med nyttiga ämnen som till exempel flavonoider, A- och C-vitamin. Det är endast bären och blommorna som är ätliga på flädern, resten är giftigt. På druvflädern och sommarflädern är även blommor och bär giftiga.

Bären är lämpliga till saft och gelé. Det passar bra att tillsätta något syrligt, till exempel citron eller lime, då bären kan upplevas som lite ”kvalmiga” i smaken och man kan känna en viss metallisk eftersmak.

ARONIA är en häck- och trädgårdsbuske som förekommer flitigt i parker och bostadsområden. Den är uppskattad för sin tålighet och resistens mot sjukdomar, men även för den vackra färgen som skiftar i gult, grönt, orange och rött. Den pryds av vackra blå och svarta bär i stora härliga klasar.

Aronia är släkt med rönnbär, och bärens kärvhet mildras något om de får sitta kvar en frostnatt eller ligga i frysen över natten.

Bären bör tillagas innan de äts. Passar bra till sylt, gelé, saft, kompott, likör, vin och som sylt i bakverk.

ÅKERBÄR får utan tvekan smaklökarna att jubla av lycka, det är helt enkelt så himla gott! Det växer bland annat i Norrland. Det är tyvärr ett ganska sällsynt bär.

Åkerbär innehåller fenolsyror som har antioxidanta egenskaper. De passar bra till sylt, saft, marmelad, glass och bakverk.

SALMBÄR är en vild blå variant på hallon. Det är släkt med bland annat björnbär. Mogna blå hallon har dock en blå ”daggig” yta, medan björnbären har blanka bär och ett annat bladverk. De är vanliga på Gotland men finns även i Skåne.

HAVTORNSPAJ MED KOKOSTOPP

8 bitar

PAJBOTTEN
125 g smör, kallt
3 dl vetemjöl
2 msk socker
1 ägg

Ugnsvärme 200°.

Använd en pajform, rektangulär eller rund, ca 24 cm i diameter.

Skär upp smöret i kuber och blanda hastigt ihop smör, mjöl, socker och ägg. Lägg degen i en plastpåse och låt den vila 1 timme i kylen.

Kavla ut degen och rulla upp den på en brödkavel. Flytta degen till pajformen och fodra den. Nagga bottnen med en gaffel och ställ in den i frysen 1 timme.

Ta ut pajskalet och fyll det med torkade ärter, vilket gör att kanterna håller sig på plats, och ställ in det i ugnen ca 10 minuter.

Ta ut pajskalet från ugnen och pilla bort ärterna. Sänk därefter ugnsvärmen till 175°.

HAVTORNSCURD
1 dl havtornspuré, mixade och passerade bär
50 g smör
2 dl socker
2 ägg
2 äggulor

Lägg havtornspuré, smör och socker i en rostfri kastrull och sjud på svag värme tills smöret smält. Dra kastrullen från plattan.

Rör ihop ägg och äggulor i en skål och häll ner i kastrullen. Vispa hastigt ihop allt och säll tillbaka kastrullen på plattan. Värm och vispa kraftigt tills det börjar sjuda och tjockna men inte koka. Ta av från värmen och häll genast upp curden i en skål och låt den svalna något.

Bred ut havtornscurden på pajbottnen och låt den svalna helt i kylen. Blanda ihop kokosfyllningen.

KOKOSTOPP
2 ägg
1 dl socker
4 dl kokosflingor
40 g smält smör

Ugnsvärme 175°.

Vispa ihop ägg och socker, rör i kokos och smält smör. Bred ut kokosfyllningen över havtornscurden och ställ in pajen i ugnen 20 minuter.

Servera med vaniljglass.

HAVTORNS- OCH LJUS CHOKLAD-MOUSSETÅRTA MED SMULPAJ

16 bitar

BROWNIEBOTTEN
85 g smör
1 1/2 dl socker
1/2 dl kakao
1/2 dl sirap
1/2 krm salt
1/2 tsk vaniljsocker
1 ägg
1 äggula
1 1/2 dl vetemjöl

smält smör till formen

Ugnsvärme 175°.

Lägg ett runt bakplåtspapper i en form (22 cm i diameter) med löstagbar botten. Pensla papperet och kanterna med smör. Blanda smör, socker, kakao, sirap, salt och vaniljsocker, rör i ägg och sikta i mjölet.

Häll upp smeten i formen och grädda ca 13 minuter. Låt bottnen stå kallt minst 2 timmar. Lossa den från formen och ta av papperet. Lägg ner bottnen i en större form med löstagbar kant, ca 26 cm i diameter.

LJUS CHOKLADMOUSSE
3 gelatinblad
250 g ljus choklad
1 1/2 dl grädde
3/4 dl socker
2 msk vatten
1 ägg
3 äggulor
2 1/2 dl grädde

Använd en springform, ca 26 cm i diameter.

Blötlägg gelatinbladen i en skål med kallt vatten minst 5 minuter. Hacka chokladen och lägg den i en bunke. Koka upp grädden och häll den över chokladen och rör tills all choklad smält. Låt svalna något.

Vispa socker, vatten, ägg och äggula i en kastrull tills det är 85° (använd digital hushållstermometer) eller tills det börjar tjockna. Häll genast upp massan i en bunke och vispa med elvisp tills äggsmeten är riktigt fluffig och helt kall. Vispa grädden lätt.

Lyft upp gelatinet och smält det i en kastrull eller på låg effekt i mikron. Vänd ner gelatinet i äggvispet och vänd ner äggvispet i chokladen och blanda om. Vänd ner grädden och häll upp moussen på browniebottnen. Ställ in formen i frysen minst 2 timmar.

HAVTORNSMOUSSE
2 dl grädde
5 gelatinblad
3 äggulor
3/4 dl socker
2 msk vatten
1 1/2 dl havtornspuré, mixade och passerade bär

Vispa grädden lätt. Lägg gelatinbladen i en skål med kallt vatten minst 5 minuter. Lägg äggulorna, sockret och vattnet i en rostfri kastrull och värm under kraftig vispning till 85° eller tills det börjar tjockna.

Häll genast upp massan i en bunke och vispa med elvisp tills smeten är riktigt fluffig och har kallnat. Lyft upp gelatinet och smält det i en kastrull eller försiktigt på låg effekt i mikron.

Blanda ner gelatinet i äggsmeten och vänd ner havtornspurén och vispgrädden. Häll upp havtornsmoussen på chokladmoussen och sätt in i frysen minst 2 timmar.

SMULPAJ
1 dl vetemjöl
1/2 dl havregryn
1/2 dl socker
75 g smör, kallt

Ugnsvärme 175°.

Blanda mjöl, havregryn och socker. Skär smöret i tärningar och blanda allt till en grynig massa.

Lägg smulorna i en påse och lägg den i frysen 1 timme. Häll ut smulorna på ett bakplåtspapper på en plåt och grädda ca 10 minuter. Ta ut plåten och vänd runt smulorna efter halva tiden.

Låt smulorna kallna och strö dem över moussetårtan före servering.

Servera gärna moussetårtan lite halvfryst.

FLÄDERBÄRSPAJ MED MACADAMIA-NÖTTER OCH ROM

Cirka 12 bitar

PAJSKAL
(samma som till Rabarber- och hallonpaj, sid 33)

FYLLNING
200 g mandelmassa
1 dl muscovadosocker
50 g smör, rumstempererat
2 ägg
2 msk vetemjöl
2 msk mörk rom
1 dl fläderbärssylt

Riv mandelmassan fint och vispa ihop med muscovadosocker och smör. Tillsätt ett ägg i taget. Vänd i vetemjöl och rom. Häll upp massan i pajskalet och ringla över fläderbärssylten. Grädda ca 10 minuter i 175°.

FLÄDERBÄRSSYLT
1 dl fläderbär
1/2 dl syltsocker
1/2 dl socker
1/2 dl vatten

Koka alla syltingredienser ca 5 minuter. Mosa bären med en träslev mot kastrullkanten. Skumma av och låt sylten kallna.

SMULPAJ
1 dl havregryn
1 dl socker
100 g smör, kallt skuret i kuber
50 g mörk choklad, grovhackad
1 dl macadamianötter, grovhackad

Rör ihop havregryn och socker i en bunke. Tillsätt smöret och fördela i blandningen. Vänd i chokladen och nötterna. Ta ut pajen ur ugnen och strö över smulpajen och ställ in i ugnen igen 15–20 minuter.

Servera med grädde som eventuellt smaksätts med några droppar mörk rom eller vaniljglass.

ARONIAKAKOR MED KANEL

Cirka 30 stycken

ARONIASYLT
2 dl aroniabär
1 dl syltsocker
1 dl socker
1/2 dl vatten

Lägg bär, syltsocker, socker och vatten i en rostfri kastrull och koka ca 7 minuter. Mosa bären med en träslev mot kastrullkanten, skumma av och låt sylten kallna.

ARONIAKAKOR
1 1/2 dl socker
250 g smör
2 ägg
6 dl vetemjöl
1 msk kanel
1/2 tsk hjorthornssalt

2 dl aroniasylt
2 dl florsocker
2 msk vatten

Ugnsvärme 175°.

Blanda socker och smör. Rör i äggen och vänd i vetemjöl, kanel och hjorthornssalt. Blanda ihop till en slät kakdeg.

Dela upp degen i tre bitar och forma till längder. Lägg längderna på ett bakplåtspapper på en plåt och gör en skåra i mitten. Fyll med sylt och grädda ca 15 minuter.

Blanda florsocker och vatten. Fyll upp en engångsspritspåse med glasyren eller ringla på den med en sked. Spritsa på glasyr längs med sylten men inte för nära, då kommer glasyren att färgas av sylten. Låt kakorna svalna och skär upp dem på snedden eller rakt över i 2–2 1/2 cm breda kakor.

ÅKERBÄRSVACHERIN-GLASSTÅRTA MED MARÄNG

Cirka 10 bitar

MARÄNGBOTTNAR
3 äggvitor (spara äggulorna)
1 tsk citronsaft
1 dl socker
2 dl florsocker

ÅKERBÄRSGLASS
3 dl grädde
3 äggulor
2/3 dl florsocker
1 1/2 dl åkerbär

Ingångsvärme 150°, sänks till 100°.

Vispa äggvitor och citronsaft skummigt med elvisp. Sänk hastigheten och tillsätt hälften av sockret. Strö i resten av sockret och öka hastigheten. Vispa i ett par minuter och sikta florsockret och vänd i det med en slickepott.

Dela upp marängen i två delar och bred eller spritsa ut hälften i en cirkel på ett bakplåtspapper. Spritsa den andra cirkeln med slättyll i små toppar som blir lock eller gör två släta bottnar. Grädda i ugnen i 150° ca 5 minuter och sänk sedan till 100° i ca 1 1/2 timme. Ta ut och låt svalna på galler.

Vispa upp grädden. Vispa ihop äggulor och florsocker. Vispa ner bären i äggsmeten och vänd i grädden.

Lägg plastfilm i en slät sockerkaksform eller springform och lägg i en marängbotten. Fyll upp med glassmet och lägg på den toppiga marängbottnen. Ställ in i frysen ca 6 timmar.

Ta ut formen och ta bort plasten, servera med extra bär.

SAFFRANSPANNKAKSTÅRTA MED SALMBÄRSSYLT

10 stycken

TUNNA SAFFRANSPANNKAKOR
3 ägg
6 dl mjölk
2 1/2 dl vetemjöl
1/2 tsk salt
1 tsk vaniljsocker
1/2 g saffran
smör till stekning

3 dl grädde, vispas

Vispa samman äggen och lite av mjölken. Tillsätt mjölet och vispa till en slät smet. Vispa i resten av mjölken och tillsätt övriga ingredienser. Grädda pannkakorna i en stekpanna med lite smör. Låt pannkakorna kallna.

SALMBÄRSSYLT
3 dl salmbär
3 dl syltsocker, med pektin
1 vaniljstång, delad och urskrapad

Häll alla ingredienser i en kastrull och koka ca 10 minuter. Skumma eventuellt av och låt sylten kallna.

Varva pannkakor, sylt och grädde. Garnera med färska bär.

Den här pannkakstårtan passar utmärkt att göra på sylt med åkerbär, björnbär eller hallon om det är svårt att få tag på salmbär.

BAKTIPS

Satsa på bra formar och verktyg. Köp rejäla pajformar, de som är i metall leder värmen bra och är lätta att baka i och att servera ur. Eller använd vackra ugnssäkra porslinsformar.

Tänk på att gräddningstiden kan variera något beroende på vilken form som används.

Prova sockerkaksformar i teflon och köp en stadig tårtform med löstagbar kant.

Vill man göra fina moussetårtor är det bra att använda en riktig konditorring som man fodrar med plastremsor.

Med en ram med metallmuffinsformar blir muffinsen lyckade. Eftersom smeten till muffins oftast är ganska tung behövs det stöd på kanterna för att de ska baka upp fint.

Passa på att köpa vackra bullpapper utomlands. Det brukar finnas en hel del olika varianter att välja bland. Detsamma gäller pärlsocker och strössel, det finns hur många roliga varianter som helst.

Välj alltid vaniljsocker av god kvalitet, man får prova sig fram till det man gillar. Prova dem som innehåller prickar och därmed äkta vanilj, de brukar vara något dyrare men är väl värda sitt pris. En del billigare varianter ger en besk bismak.

Använd alltid choklad av god kvalitet, här gäller oftast att man får vad man betalar för.

Mjöl som är ekologiskt och stenkvarnsmalet förhöjer smaken på bakverken.

Passa på att göra en stor sats med en grundpajdeg, dela upp, lägg i påsar och frys in.

Pajdegen går bra att smaksätta med rivet citrusskal eller kryddor som till exempel kanel, kardemumma, vanilj och mald anis.

Det fungerar också bra att göra smulpaj och frysa in. När man sedan lägger på smulpajen och den är kall från början håller smulorna ihop bättre när den bakas och blir finare.

GRUNDRECEPT

Att lyckas med en pajbotten! Använd kylskåpskallt smör och skär det i tärningar. Blanda hastigt ihop smör, socker och vetemjöl. Därefter är det vanligt att tillsätta antingen ägg eller iskall vätska, till exempel vatten eller mjölk, för att få ihop pajdegen. Ägget gör så att pajskalet blir något sprödare i konsistensen.

Lägg pajdegen i en plastpåse i kylen i ca 1 timme så att degen får vila. Det gör att den bakar ihop finare då ingredienserna hinner ”vänja sig vid varandra”, annars kan pajen bli prickig eller fläckig. Kavla ut pajdegen och rulla upp den på kaveln när den flyttas över till pajformen, tryck ner den i formen och jämna till kanterna med en vass kniv. Nagga bottnen med en gaffel och ställ in den i frysen 1 timme.

Ta ut pajformen och häll i torkade ärter upp till kanten. Grädda direkt från frysen på 200 grader i ca 10–12 minuter så sitter kanterna kvar bättre.

Ta ut pajen och pilla bort ärterna.

GRUNDRECEPT SÖT PAJDEG/MÖRDEG

stor sats

5 dl socker
1 kg smör, kallt, skuret i kuber
2,4 liter vetemjöl
3 små ägg

Blanda socker, smör och mjöl. Tillsätt ägg och blanda hastigt ihop till en fin pajdeg.

Om man vill göra en ”hårdare” pajdeg kan man prova en fransk typ av sockerdeg som är mycket hållbar om man har kladdiga och blöta fyllningar.

PATE SUCRÉE

stor sats

400 g smör, kallt, skuret i kuber
4 dl florsocker
1,6 liter vetemjöl
1/2 tsk salt
1 tsk vaniljsocker
4 små ägg

Blanda smör, florsocker, mjöl, salt och vaniljsocker. Tillsätt ägg och blanda hastigt ihop till en slät pajdeg. Passar bra till blöta kladdiga fyllningar.

GRUNDSMULPAJ

3 dl vetemjöl
1 dl socker
150 g smör, kallt, skuret i tärningar

Blanda mjöl och socker. Hacka och blanda hastigt ihop med smöret till en grynig massa. Passar till alla bär.

VARIANTER AV SMULPAJ

Blanda ihop på samma sätt som till grundsmulpaj.

Det går bra att frysa in smulpaj i en påse och ta fram vid behov.

MUSCOVADOSMULPAJ

3 dl vetemjöl
1 dl mörkt muscovadosocker
1/2 dl socker
100 g smör, kallt, skuret i tärningar

Passar till körsbär, svarta vinbär, lingon, äpplen och päron.

NÖTSMULPAJ

2 dl vetemjöl
1 dl mixade nötter, t ex hasselnötter, pinjenötter och valnötter
1 dl socker
100 g smör, kallt, skuret i tärningar

Passar till alla bär.

PISTASCHSMULPAJ

2 dl vetemjöl
1 dl grovhackade pistaschnötter
1 dl råsocker
100 g smör, kallt, skuret i tärningar
1 apelsin, finrivet skal

Passar bra till hallon och rabarber.

MANDELMASSASMULPAJ

100 g mandelmassa, finriven
1 dl socker
1 dl vetemjöl
100 g smör, kallt, skuret i tärningar

Passar bra till hallon, blåbär, björnbär, jordgubbar och körsbär.

KOKOSSMULPAJ

1 dl riven kokos
2 dl vetemjöl
1 dl socker
100 g smör, kallt, skuret i tärningar

Passar bra till krusbär och vita vinbär.

HAVRESMULPAJ

1 1/2 dl vetemjöl
1 1/2 dl havregryn
1 dl socker
100 g smör, kallt, skuret i tärningar

Passar till alla bär.

MÜSLISMULPAJ

1 dl vetemjöl
2 dl müsli
1 dl råsocker
100 g smör, kallt, skuret i tärningar

Passar till alla bär.

KRYDDIG SMULPAJ

3 dl vetemjöl
1 tsk kanel
1/2 tsk kardemumma
1/2 tsk ingefära
1 krm nejlikor, malda
1 dl socker
100 g smör, kallt, skuret i tärningar

Passar bra till körsbär och lingon.

GOTT TILL PAJEN

VANILJSÅS

3 äggulor
1 msk socker
1 dl grädde
1 dl mjölk
1/2 vaniljstång, delad och urskrapad
2 dl grädde

Blanda äggulor, socker, grädde, mjölk och vanilj i en kastrull. Sjud och vispa tills det börjar tjockna.

Ta av från värmen och fortsätt att vispa tills såsen kallnat. Vispa resterande grädde lätt och vänd ner i vaniljsåsen.

VANILJVISP

2 äggulor
1 msk florsocker
2 dl grädde
1 msk äkta vaniljsocker

Vispa upp äggulor och florsocker pösigt. Vispa upp grädden lätt och vänd ner den och vaniljsockret. Smaksätt gärna med 1 tsk kardemumma eller skal från en apelsin.

VANILJYOGHURT

2 dl matyoghurt
1 1/2 msk socker
2 tsk äkta vaniljsocker
2 dl grädde

Rör ihop yoghurt med socker och vaniljsocker. Vispa grädden lätt och vänd ner den i yoghurten.

MYNTASÅS

2 äggulor
1 msk florsocker
2 dl grädde
1 tsk äkta vaniljsocker
1–2 tsk finhackad färsk mynta

Vispa ihop äggulor och florsocker. Vispa grädden lätt och vänd ihop alla ingredienser.

ROSENVISP

3 dl grädde
1 1/2 msk socker
2–3 droppar rosenvatten

Vispa grädden och sockret lätt, smaksätt med rosenvattnet.

LAVENDELKESELLA

2 dl kesella
2 msk flytande honung
1/2 tsk lavendelblommor
1/2 msk socker
1 dl grädde

Blanda kesella med honung, stöt lavendel och socker i en mortel och blanda ner i kesellan. Vispa grädden lätt och vänd i den.

MANDEL-CRÈME FRAICHE

2 dl lättcrème fraiche
25 g mandelmassa, finriven
1/2 tsk kanel
några droppar amaretto

Vispa ihop alla ingredienser.

REGISTER

Aroniakakor med kanel 100

Banankaka med vita vinbär och philadelphiaglasyr 50
Björnbärschokladkaka, varm med oreo cookies 59
Björnbärsmoussebitar 56
Blåbärsbullar med pecannötter och lönnsirap 71
Blåbärscheesecake 76
Blåbärsmazarin 72
Blåbärsmuffins med glasyr 74
Blåbärsmunkar 71
Bobcake hallonchokladtårta med jordnötter 29

Chokladtårta med jordgubbar och marshmallowfluff 25

Dolce Vita, sockerkaka med vita vinbär, lime och kolaglasyr 47

Fläderbärspaj med macadamianötter och rom 99

Hallonbaklava 26
Hallonchokladtårta med jordnötter 29
Hallontarteletter med bakad chokladfyllning 30
Havresmulpaj 109
Havtorn och ljus chokladmoussetårta med smulpaj 96
Havtornspaj med kokostopp 95
Hjortron Royal 90
Hjortronfrangipane med pinjenötter 88
Hjortrontryffeltårta 84
Hjortronwienerbröd 87

Jordgubbsmaränger 22
Jordgubbstårta med yoghurtfyllning, fläder och hyvlad vit choklad 18

Knäckig vinbärspaj med valnötter 49
Kokos- och hallontårta American Style 35
Kokossmulpaj 109
Krokantglasstårta med amarettobottnar och krusbär 40
Krusbärskaka med fläder och anis 44
Krusbärspaj med marängtäcke 39
Krusbärstoscarullar 43
Kryddig smulpaj 109
Körsbärs-, pecan- och chokladpaj 62
Körsbärsmazarin 65

Lavendelkesella 109
Lingon- och dumlemuffins 80
Lingonkolapaj 79
Lingonpepparkaka, mjuk tigrerad med choklad och valnötter 83

Mandel-crème fraiche 109
Mandelmassasmulpaj 108
Maränger med vit chokladtryffel och körsbär 60
Mjuk tigrerad lingonpepparkaka med choklad och valnötter 83
Muscovadosmulpaj 108
Myntasås 109
Müslismulpaj 109
Mördeg 108

Nötsmulpaj 108

Pajdeg 108
Pate sucrée 108
Pistaschsmulpaj 108

Rabarber- och hallonpaj med mandeltopping 33
Rosenvisp 109
Rulltårta med jordgubbar och limesocker 21
Rönnbärs- och whiskychokladtårta 68

Saffranspannkakstårta med salmbärssylt 104
Smulpajer 108–109
Smultronmums 17
Smultrontarte med sabayonkräm 15
Smultrontårta med sauternesgelé och pistaschbotten 12
Sockerkaka med vita vinbär, lime och kolaglasyr 47
Svartvinbärssavaräng 54
Svartvinbärstårta ”Charlotte Russe” 53

Vaniljsås 109
Vaniljvisp 109
Vaniljyoghurt 109
Varm björnbärschokladkaka med oreo cookies 59
Vinbärspaj, knäckig med valnötter 49

Åkerbärsvacheringlasstårta med maräng 103